Género Ficción realista

I0902686

Pregunta esencial

¿Qué nos lleva a realizar un sueño?

Cambio de objetivos

Vivienne Joseph • ilustrado por Carlos Aón

Capítulo 1

¡Desastre!

—Mañana son las pruebas para el equipo del torneo y necesito mejorar mi juego defensivo, ¿podrías ayudarme? —le preguntó Natalia a Lina, su hermana mayor.

—¡Claro! —le contestó Lina con una sonrisa.

Lina le enseñó a su hermana mientras practicaban juntas.

—Rápida, debes volverte rápida. Tu trabajo es evitar que tu oponente reciba el balón —le explicó Lina y le mostró a Natalia cómo usar su cuerpo, sus brazos y sus manos como barreras.

—Si tu oponente atrapa el balón, debes evitar que te pase gambeteando —dijo Lina lanzándole el balón a Natalia—. Ahora intenta pasarme y te mostraré lo que quiero decir.

Sin importar el esfuerzo de Natalia por pasarla gambeteando, Lina siempre estaba allí. Parecía que los brazos y piernas de su hermana mayor habían crecido aún más y bloqueaban a Natalia en todas las direcciones.

Lina podía sentir la creciente frustración de su hermana.

—Vamos, hermanita, no te alteres. Cambiemos para ver si puedes evitar que yo te pase.

Eso salió casi igual de mal: Natalia trató y trató, pero Lina siempre se las ingeniaba para esquivarla con el balón. Entonces, cuando la niña estaba a punto de rendirse, bloqueó a Lina.

—¡Yupi! ¡Te tengo! —Natalia gritó complacida.

—¡Buen trabajo! En realidad has mejorado. Ahora, sorprende a tu entrenadora —la animó Lina mientras chocaba palmas con ella.

Natalia sonrió porque su hermana no la elogiaba de esa manera con frecuencia.

Vanesa estaba esperando a Natalia afuera del gimnasio de la escuela cuando ella llegó.

—¿Crees que entraremos al equipo? —le preguntó Vanesa.

—Seguro —dijo Natalia sonriendo, confiada después de su lección con Lina.

La niña había memorizado sus movimientos defensivos, como un bailarín que practica sus pasos: deslizar y atrás. Sabía que la señora Gómez, entrenadora del equipo de baloncesto, estaría sorprendida.

—Hemos trabajado duro, así que esperemos que sea suficiente.

Como siempre, el entrenamiento comenzó con ejercicios de estiramiento, seguidos de gambetas, algunos pases de rutina y tiro libre.

Luego, la entrenadora asignó a las jugadoras a dos equipos y les entregó chalecos de práctica de colores diferentes.

La señora Gómez sonrió y dijo:

—Bueno, entren a la cancha y tomen sus posiciones. ¡Adelante!

—Buena suerte —le susurró Natalia a Vanesa mientras corrían hacia la cancha de baloncesto para reunirse con el resto del equipo azul.

El juego comenzó con un ataque y Natalia se preparó a medida que una de las jugadoras del equipo verde, Camila, gambeteaba hacia ella a máxima velocidad por la cancha. Natalia entró en acción: deslizar, atrás, las palabras vinieron y su cuerpo obedeció.

Natalia usó sus brazos y piernas como las aspas de un molino de viento (recordando al pie de la letra lo que Lina le había enseñado la noche anterior). Camila se tambaleó y, de pronto, Natalia tenía el balón; fingió un pase a Sonia, pero se volteó y lo lanzó a Ana, quien corrió por la cancha. El juego siguió con un pase a Rosa, quien estaba bajo la cesta y terminó la jugada. Rosa lanzó el balón directo a la red y el equipo azul anotó.

Las jugadoras regresaron a sus posiciones iniciales y el juego continuó. De nuevo, Natalia se las ingenió para tomar el balón y empezó a gambetear por la cancha esquivando a sus contendoras.

Camila inició la defensa y Natalia le pidió apoyo a Vanesa con la mirada. Pero, cuando Natalia se dio vuelta, su pie se resbaló y ella se estrelló contra el piso. Lloró de dolor cuando su brazo se dobló debajo de ella.

La señora Gómez se acercó con rapidez.

—¿Dónde te duele? —preguntó.

Natalia sostuvo su brazo derecho y tembló.

—Creo que se rompió —suspiró con lágrimas en los ojos.

Detective del lenguaje **¿Qué función cumplen los paréntesis en la oración subrayada?**

Capítulo 2
Pensar con creatividad

Vanesa esperó con Natalia en la enfermería.

—¡No lo puedo creer! Sabía que eras ficha segura para el equipo. ¡Qué mala suerte! —decía Vanesa.

Natalia cerró sus ojos con fuerza, en un intento por recuperar el autocontrol, porque sabía que no era solo el dolor de su brazo lo que le estaba llenando los ojos de lágrimas, sino que era obvio que no jugaría esta temporada: su muñeca estaba inflamada.

Su madre llegó a la escuela y llevó a Natalia a la sala de emergencias del hospital, donde un médico le tomó radiografías y le confirmó que se había fracturado el brazo.

—Necesitarás llevar el brazo vendado —dijo— y me temo que no podrás jugar baloncesto, al menos diez semanas.

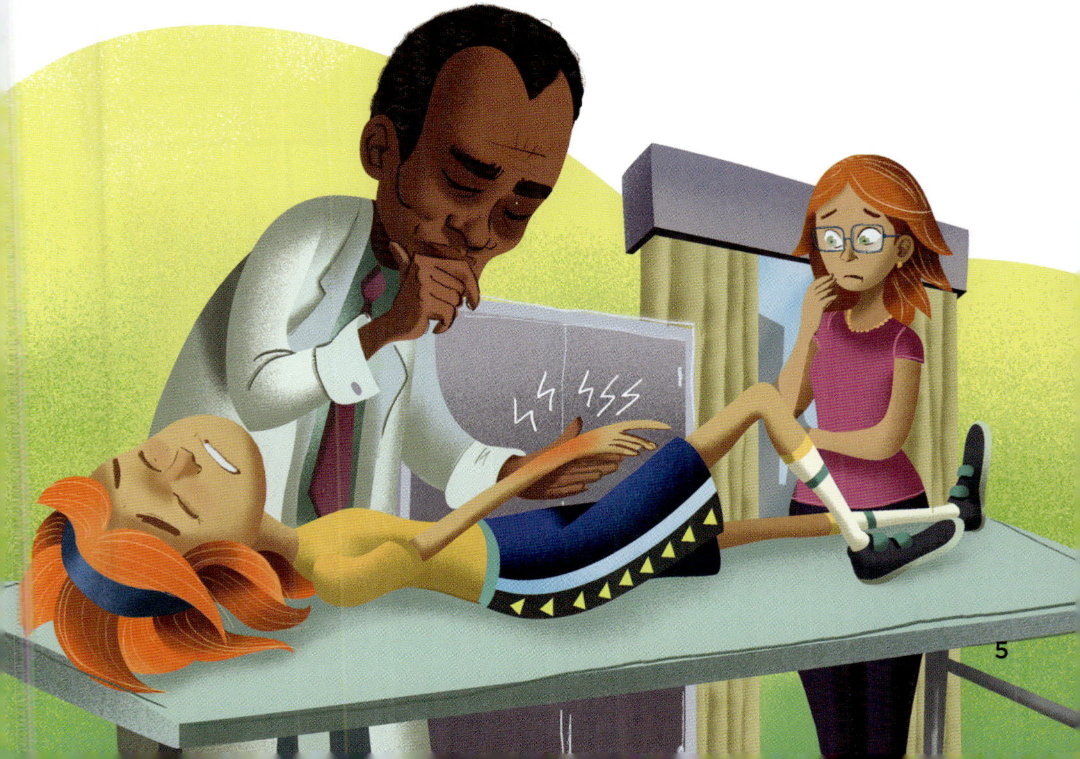

Natalia regresó a la escuela al día siguiente sintiendo lástima por sí misma. Vanesa se acercó a su triste amiga.

—Ven, siéntate en la banca, así podrás vernos jugar y sugerirle al equipo cómo podemos mejorar —la persuadió.

Natalia estudió las técnicas de las niñas a medida que practicaban: cómo proteger el balón, gambetear y hacer pases falsos, para luego compartir con Vanesa algunos de los consejos defensivos de Lina.

Cuando Natalia salía del gimnasio, vio los uniformes del equipo extendidos en una de las bancas. Tomó una camiseta, y se sintió triste por no poder usar una de ellas.

Vanesa, Sonia y Ana se acercaron, Ana tomó una camiseta y, mientras introducía un dedo en un agujero, dijo con una sonrisa:

—No se ve muy bien.

Sonia asintió y dijo:

—El equipo se va a ver algo desastrado, ¿no les parece?

—Sí —Ana convino—, en especial cuando los muchachos terminen de recaudar dinero y compren uniformes nuevos el año entrante.

Mientras Natalia caminaba con Sonia y Ana de la escuela a la casa, dijo:

—Todavía estoy molesta por no poder jugar con este brazo roto, pero hoy disfruté ver a Vanesa y al resto del equipo entrenando. Sé que no jugaré en el torneo, pero quiero ayudar al equipo de alguna manera.

Ana se volteó hacia su amiga y exclamó:

—¡Es una gran idea!

—Pero, ¿qué puedo hacer con un brazo así, envuelto en una férula de fibra de vidrio? —preguntó Natalia.

Sonia miró pensativa por un momento.

—Tal vez, ya que tampoco estamos en el equipo, las tres podemos hacer algo juntas —sugirió.

Natalia asintió y dijo con un renovado entusiasmo:

—Solo tenemos que pensar en una buena idea.

Esa noche, mientras estaba en su cama, Natalia pensó en varias ideas: en la mitad de una hoja de su libreta escribió "Ayuda para el equipo" y dibujó un círculo alrededor. Luego escribió las ideas que se le ocurrieron: "ayudar en el entrenamiento; organizar una fiesta con pizza para después del juego; hacer carteles; diseñar y distribuir banderolas para que las personas sostengan durante el juego".

Todas eran buenas ideas, pero ninguna atrapó su imaginación.

Natalia cerró su libreta y apagó la luz de lectura. Entonces, cuando sus párpados estaban a punto de cerrarse, tuvo otra idea. Era totalmente formidable, ¡encontraría una manera de comprar uniformes nuevos para el equipo!

Capítulo 3

La venta de galletas

Durante el almuerzo del día siguiente, Natalia reunió a sus amigas y anunció que tenía una idea para ayudar al equipo.

Sus amigas la miraban ansiosas mientras ella hacía una pausa para causar un efecto dramático. Luego, dijo:

—Podemos recaudar dinero para comprarle al equipo uniformes nuevos.

—Sería grandioso porque esos raídos uniformes viejos en realidad son horrorosos. Pero, ¿cómo recaudaremos el dinero? —preguntó Sonia.

Natalia sacó de su mochila su libreta y un lápiz.

—Bueno, pensé que podríamos vender galletas —sugirió—. Necesitaríamos dinero para comprar los ingredientes. Quizá, cada una pueda contribuir con diez dólares. Como las galletas siempre se venden, recuperaremos nuestro dinero y estoy segura de que mi mamá nos ayudará con un presupuesto.

—Me gusta la idea y estoy segura de que mi papá, como es el gerente del centro comercial, nos permitirá venderlas afuera —dijo Ana entusiasmada—. Allí siempre hay personas recaudando dinero.

Sonia cerró los ojos y dijo sonriendo:

—Me encanta hornear galletas... y comérmelas.

Natalia continuó vivamente:

—Seguro que la escuela nos presta algunas mesas plegables, pero necesitamos a alguien que tenga un vehículo para recogerlas y devolverlas.

—Será un trabajo duro —advirtió Sonia.

—Sí, duro, pero delicioso y divertido —dijo Ana mientras se lamía los labios.

Después de la escuela, Natalia le contó a su mamá la idea de vender galletas para recaudar dinero para los uniformes.

—Es un plan ambicioso, por supuesto que ayudo en lo que pueda —le dijo su mamá mientras la abrazaba.

Ella tomó la libreta de Natalia y leyó con cuidado la lista.

—Estoy impresionada, ya averiguaste y tienes prácticamente todas las variables resueltas —dijo.

Además de organizar la venta de galletas, Natalia y sus amigas empezaron a elaborar pancartas para entregar en el juego.

—¡Es grandioso que ustedes me ayuden! —dijo la señora Gómez—. Así también estaremos dándoles un desafío a los equipos de niños y de niñas. ¡Quien recaude más dinero antes de la final ganará balones nuevos!

—No hay manera de que ustedes sobrepasen nuestros $500, ¡no con galletas! —bromearon Jairo y Carlos desde la cancha donde practicaban los lanzamientos con Camila y las otras niñas.

Entonces Camila gambeteó pasándolos e hizo un lanzamiento perfecto: el balón pasó silbando por la red.

—¡Esto es lo que le haremos a su total! —les gritó Ana a los niños.

Natalia estuvo muy ocupada durante las siguientes semanas corriendo de aquí para allá mientras organizaba la venta de galletas sin atrasarse en sus tareas escolares.

Cuando llegó el día de hornear, el brazo de Natalia aún seguía vendado, pero se las ingenió para medir, mezclar y hornear galletas con sus amigas y solo necesitó ayuda para meter y sacar los moldes del horno.

—¿No les encanta el olor de las galletas recién horneadas? Estoy en el cielo de las galletas —murmuró Sonia como en sueños.

Ana le dio un codazo diciéndole:

—Despierta; te toca preparar la siguiente tanda de masa.

Natalia miró alrededor de la cocina con satisfacción y no podía creer la masa de galletas que habían horneado en apenas una tarde de sábado. Dondequiera que miraba había galletas enfriándose en bandejas o acomodadas en las cajas que las niñas habían decorado y amarrado con cintas. Estaba segura de que estaban bien encaminadas hacia el logro de su meta.

Esa noche, Natalia y su mamá verificaron todo para asegurarse de que estaban preparadas para la venta de galletas del día siguiente: las mesas plegables, el dinero para el cambio, los carteles, los manteles, las servilletas, la caja para el dinero y muchas, muchas galletas. Todo estaba allí, listo para el gran día.

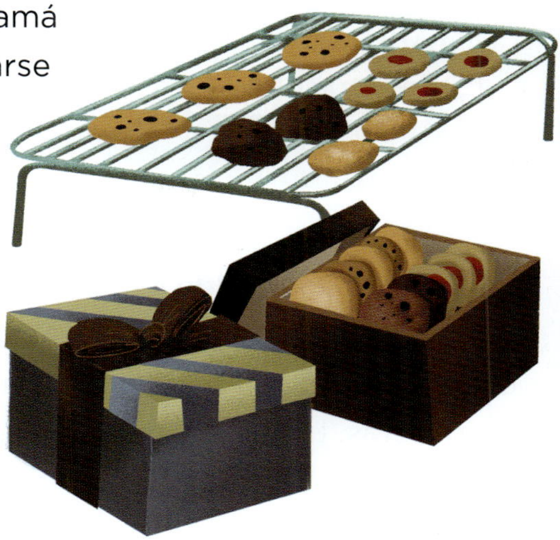

Natalia llamó a Ana y a Sonia antes de irse a la cama para confirmar a qué hora se reunirían y para repasar por última vez sus responsabilidades individuales.

—Vamos a recaudar suficiente dinero para los uniformes y, además, para ganar el desafío —alardeó Ana.

Pero, después de colgar, la mente de Natalia empezó a divagar.

"¿Y si sale algo mal mañana?", pensó mientras se sacudía y daba vueltas en la cama, demasiado preocupada como para poder dormir.

Todo tipo de horribles posibilidades desfilaron por su mente: "El mal tiempo impide que la gente vaya de compras al centro comercial, el papá de Sonia olvida recoger las mesas o las galletas se aplastan...".

Al fin, Natalia logró dormirse profundamente después de contar galletas para conciliar el sueño.

Detective del lenguaje	**Busca una conjunción adversativa en esta página.**

Capítulo 4
¡Resultados!

Hacia las nueve de la mañana del día siguiente las tres amigas estaban afuera del centro comercial con sus carteles y con las mesas cubiertas con manteles. Ahora solo necesitaban las galletas. La mamá de Sonia se había ofrecido para llevarlas en su camioneta, pero ¿dónde estaba? Natalia miró ansiosamente el pequeño reloj del centro comercial y, por telepatía, timbró su teléfono celular.

—Lo siento, pero hay un pequeño problema, la camioneta se acaba de averiar —dijo su mamá—, pero no se preocupen porque estoy cerca.

—¡Ay, no! —gimió Natalia, ocurrió lo peor—. ¿Cómo están las galletas?

—Están bien, la mamá de Ana y yo las estamos pasando a nuestros carros y estaremos allí en diez minutos —la tranquilizó su mamá.

Pocos minutos después llegaron los dos carros y las tres amigas, aliviadas, se apresuraron a ayudar a descargar. Pronto las mesas empezaron a crujir bajo el peso de las cajas de galletas y las personas empezaron a reunirse alrededor.

Natalia había traído trozos de muestra y las niñas las repartían para que todos probaran.

—¡Mmm..., hechas en casa y con chispas de chocolate, mis preferidas! —dijo una amable señora que compró siete cajas.

Sonia se frotaba las manos con regocijo.

—¡A este ritmo, venderemos todo antes del almuerzo!

Después de que Natalia vendió la última caja, miró el reloj del centro comercial, eran las 11:06.

Habían vendido todo antes del almuerzo, como Sonia lo había anticipado.

En la casa de Natalia, las niñas distribuyeron el dinero en montones sobre la mesa de la cocina para sumarlo y luego restar los gastos.

—¡Sí! —Natalia, Ana y Sonia gritaron en coro, pues el total era de $520. ¡Habían derrotado a los muchachos!

El lunes, las niñas corrieron hacia el gimnasio para encontrarse con la señora Gómez, quien quedó encantada cuando escuchó la buena noticia.

—Estoy muy orgullosa de ustedes. ¡Muchas gracias por todo lo que han hecho por el equipo! —dijo.

—Ahora todo lo que tenemos que hacer es concentrarnos en ganar la final —dijo Ana.

—¿Vienen a darnos ánimo? —preguntó Camila cuando se encontró con Natalia, Ana y Sonia en el corredor.

—No te preocupes, allá estaremos animándolas con pancartas y con toda nuestra energía —le prometió Natalia—. ¡No nos lo perderíamos por nada del mundo!

Mientras Camila, Vanesa y las otras niñas del equipo corrían hacia la cancha, saludaron a sus amigas entre la multitud. El árbitro pitó, el juego comenzó y, de inmediato, Natalia supo que los dos equipos estaban empatados. Al comienzo, Riverstone iba ganando seguido de Westshore, hasta que apenas a unos segundos de finalizar, empataron a 40.

Riverstone tenía el balón y una jugadora empezó a gambetear a través del medio campo. Vanesa la bloqueó, pero la niña alta pudo evadir la defensa para estirarse y lanzar un pase aéreo a su compañera, quien rápidamente anotó una canasta: ¡42-40! El reloj hacía tic tac en su cuenta regresiva.

Ahora Vanesa tenía el balón. Gambeteó, pasó una defensa de Riverstone y luego fingió un pase a una de sus compañeras antes de lanzarle el balón a Rosa, quien lanzó un pase aéreo a Camila, ella lo atrapó con una mano para luego girar y lanzar un tiro exterior. El balón se elevó muy alto y entró suavemente en el aro. ¡43-42!

Luego sonó el silbato indicando que el juego había terminado. Natalia, Ana y Sonia se abrazaron y gritaron.

La señora Gómez llamó a las tres amigas a la cancha.

—¡Tres hurras por nuestro magnífico equipo de apoyo!

Natalia estaba radiante de orgullo, se había visto obligada a cambiar de objetivos, pero aun así había logrado el tiro perfecto ¡a través de la recaudación de dinero para el equipo, no de un aro de baloncesto! Estaba impaciente por ver al equipo con los uniformes nuevos el próximo año, e incluso, tal vez, lucir uno.

Detective del lenguaje

Busca una conjunción copulativa en esta página.

TIEMPO
00:00
CASA
RIVAL
43
42
QUARTER
02
12
7
12

Respuesta a la lectura

Resumir

Usa los detalles más importantes de *Cambio de objetivos* para resumir el cuento. Usa el organizador gráfico como ayuda.

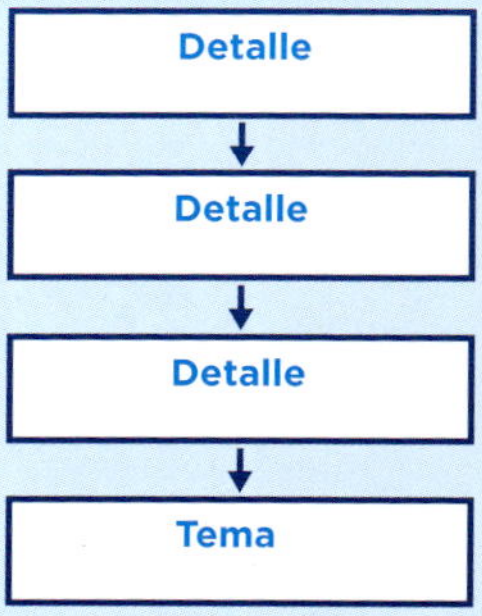

Evidencia en el texto

1. ¿Cómo sabes que *Cambio de objetivos* es ficción realista? Encuentra dos características del cuento que te permitan determinarlo. **GÉNERO**

2. ¿Cómo la idea de Natalia la ayuda a cambiar su meta a otra que sí puede lograr? ¿De qué manera sustenta el tema del cuento? **TEMA**

3. ¿Qué significa *masa* en la página 10? ¿Cuál es el otro significado de *masa*? ¿Qué claves de contexto te ayudaron a determinar el significado que se debe usar en la página 10? **HOMÓGRAFOS**

4. Escribe cómo las experiencias de Natalia en el capítulo 1, antes de su accidente, ayudan a transmitir el tema del cuento. **ESCRIBIR SOBRE LA LECTURA**

Género **Poesía**

Compara los textos

Lee dos poemas acerca de cómo el estudio y los amigos pueden llevarte a cumplir un objetivo.

La Gioconda

Jairo Aníbal Niño
(poeta colombiano)

Una vez en Barranquilla existió un hombre
que dedicó su vida a estudiar el fenómeno
de la sonrisa de la Gioconda.

Luego de muchos años de estudio e investigaciones, descubrió que Leonardo no pintó sobre el rostro de la mujer ninguna sonrisa. De su pincel surgió un rostro adusto con ojos del dulce color de las nubes [...]. Es el espectador quien al mirarla y quererla sonríe primero. Ella lo hace después.

Con las amigas y los amigos

Jairo Aníbal Niño
(poeta colombiano)

Con las amigas y los amigos del alma
escribes una página en el libro de la caricia
gracias al tacto que se convierte en abrazo, confianza, lealtad,
voz de aliento susurrada en el caracol de la oreja,
hombro para reclinar la cabeza,
que en ocasiones no puede con el peso de las lágrimas.

Los amigos y las amigas verdaderos
son capaces de estrecharte las manos,
aun cuando te encuentres en algún lugar de la Tierra
y ellos te miren desde una playa de la Luna.

Haz conexiones

¿Cómo cumplió su sueño el hombre de descubrir el misterio de la sonrisa de la Gioconda? **PREGUNTA ESENCIAL**

¿Cuál es el mensaje de *Cambio de objetivos* y de "La Gioconda"? **EL TEXTO Y OTROS TEXTOS**

Enfoque: Elementos literarios

Rima y repetición Algunas personas piensan que todos los poemas tienen rima y que está al final de los versos. De hecho, no todas las poesías tienen este tipo de rima. Aunque los poemas de verso libre no usan un modelo de rima fija, los poetas usan una rima interna en el poema. La repetición también le da ritmo al poema. Fuerza al lector a leerlo despacio o a resaltar una idea importante.

Lee y descubre El poema narrativo "Con las amigas y los amigos", en la página 19, inicia con "las amigas y los amigos", y el segundo párrafo inicia de la misma manera. La repetición le da ritmo al poema. En el poema "La Gioconda", en las páginas 17 y 18, no presenta una repetición pero las oraciones cortas fuerzan al lector a detenerse en cada una de las palabras.

Tu turno

Escribe un poema corto que no supere las 40 palabras, con rima y repetición. Intenta usar al menos dos palabras para la rima y repite al menos una palabra o frase. Tu poema también necesita tener sentido y evidenciar una idea, una descripción o un sentimiento. Después escribe varios poemas y escoge tu favorito para ilustrarlo. Haz una colección de tus poemas.